...QUE L. CURMER

ENSEIGNEMENT
UNIVERSEL.

DE LA

MARINE FRANÇAISE,

PAR M. JULES DE LASTEYRIE,

Représentant du Peuple.

10 centimes.

PARIS,

LIBRAIRIE L. CURMER,

rue de Richelieu, 49.

1848

La Bibliothèque L. Curmer est destinée à enserrer dans un vaste réseau de publications *tout* ce qui touche à l'ENSEIGNEMENT UNIVERSEL et à l'ENSEIGNEMENT ÉLÉMENTAIRE. Sous le premier titre, elle abordera toutes les questions qui sont en discussion dans le temps présent, et sous le second, elle donnera des notions sur toutes les sciences.

Elle fait un appel à *l'intelligence,* en la conviant à répandre ses bienfaits sur tous ceux qui ont besoin d'apprendre ; à la *richesse,* en l'engageant à populariser ces petits écrits et à les distribuer avec la profusion qu'ils méritent par leur but et leur importance ; aux *travailleurs,* en leur offrant un moyen sûr et peu dispendieux d'acquérir sans peine toutes les connaissances qui forment l'homme et le citoyen.

A l'aide des remises successives suivantes : 10-12, 20-25, 50-65, 100-140, on peut pour *dix francs* répandre 140 exemplaires de ces petits livres, destinés à porter partout l'amour du pays, l'instruction et la paix.

Ces petites publications coûteront 10, 20, 30, 40 et 50 centimes, selon leur nombre de feuilles de 32 pages ; le prix de 10 centimes sera le plus usuel, et les autres n'arriveront que par exception.

Paris. — Imprimerie de RIGNOUX, rue Monsieur-le-Prince, 29 *bis.*

MARINE FRANÇAISE.

Le caractère de la France, c'est l'universalité. La nature et le génie national nous commandent de lutter pour la supériorité sur tous les éléments, comme dans toutes les sciences et dans tous les arts. Puissance continentale et maritime à la fois, la France ne saurait déserter une de ses gloires, une de ses forces, quand bien même elles imposeraient une lourde charge à ses finances, et susciteraient à sa politique des rivalités ennemies.

L'examen des faits et de la carte du monde justifie l'instinct de notre patriotisme. Vis-à-vis les puissances qui n'ont pas de marine, pour agir sur celles dont le territoire ne touche pas immédiatement le nôtre, notre force navale nous donne une prééminence incontestable. Si étendus que soient les continents, tous les grands États sont vulnérables du côté de la mer; on peut même dire qu'il n'est pas de grand État sans frontière maritime, sans possibilité de communication immédiate, directe, avec les autres parties du monde.

Ne prétendons pas égaler en nombre la marine anglaise. Chez nous naturellement, l'armée est le principal, et la marine l'accessoire; en Angleterre, au contraire, l'armée devient l'accessoire, et la marine le principal. Mais des situations différentes n'exigent pas des forces égales. L'Angleterre a plus de points vulnérables que nous à défendre; son commerce immense l'expose, en cas de guerre, à des pertes infinies, et il suffit que la marine de la France atteigne certaines proportions pour lui rendre son hostilité redoutable. A l'autre extrémité de l'Europe, et de l'autre côté de l'Atlantique, s'élèvent deux puissances maritimes: la Russie, et la grande république de l'Amérique du Nord. Celle-ci est l'alliée nécessaire de la France dans toutes les questions qui touchent à la liberté des mers; celle-là peut le devenir, et si la France sait garder son rang maritime, un jour ou l'autre, la combinaison de ces diverses forces ramènera sur les mers un équilibre trop souvent altéré. Puis, le commerce de la France réclame protection. Certains petits peuples marchands peuvent prospérer à l'abri de leur faiblesse, ils ont pour sauvegarde leur impuissance. La France, Dieu merci, n'a pas ce motif de sécurité. Ses progrès commerciaux sont des événements politiques. Pour nous, sans marine de guerre, plus de navigation marchande, plus d'influence politique lointaine, perte immédiate de nos colonies et de l'Algérie. Puissance oblige. Nos intérêts, notre gloire, exigent l'entretien d'une marine imposante; la position de notre pays, que baignent à la fois l'Océean et la Méditerranée, nous y convie.

Cependant la création et l'entretien d'une marine respectable nécessitent d'énormes dépenses. L'argent, la science, le courage, l'enthousiasme même, seraient impuissants sans le concours de qualités administratives, bonnes partout, ici absolument nécessaires : l'ordre, la prévoyance, l'organisation. Une seule année de négligence ou d'oubli, et la marine est pour longtemps perdue. Ce n'est pas seulement le matériel, c'est aussi le personnel, qui se forment pendant la paix. La guerre détruit l'un et l'autre; il faut donc semer chaque jour, cultiver chaque jour, pour récolter les fruits de tant de dépenses et de labeurs dans un lointain inconnu.

Les ports où se construisent les grands vaisseaux doivent contenir des magasins immenses, renfermant des denrées de toute nature accumulées de longue main, des cales gigantesques, en quelque sorte, moules de la coque des navires, appropriées aux nécessités de la construction, de la réparation, et disposées de façon à ce que ces lourdes machines puissent glisser sans avarie jusqu'à une eau profonde. Un vaisseau de guerre est à la fois une colonie et une armée, c'est une maison flottante douée de mouvement; il lui faut porter dans ses flancs tout ce que réclament les besoins variés de la vie civilisée, les moyens de destruction les plus perfectionnés, et se mouvoir à l'aide de puissants et rapides appareils de locomotion. On comprend qu'outre les ateliers nécessaires aux constructions maritimes, un grand port met en activité toutes les industries inventées pour les divers besoins de l'homme. Les énormes machines à vapeur exigent aussi un outillage qui ne se rencontre pas ailleurs. Toutes ces choses se détériorent en un jour; elles ne se fondent que par le travail et par le capital accumulés sous l'impulsion d'une administration habile et persévérante.

Des denrées nécessaires à la construction
des grands vaisseaux, les unes, comme certaines pièces de bois de chêne, sont rares dans
tous les pays ; on se les procure difficilement ;
pour les conserver, il faut beaucoup de soins ;
il faut du temps pour qu'elles soient employées
utilement. D'autres, comme les mâts de hune
des vaisseaux, à la fois si forts et si flexibles,
nous sont fournies par les pays étrangers. La
France ne produit pas tout le cuivre nécessaire
pour sa marine. C'est durant la paix, pendant
que les esprits sont distraits des dépenses guerrières, que doivent se faire les approvisionnements ; et sans cesse il est nécessaire de les
renouveler.

La moyenne durée d'un navire de guerre
est de vingt ans. La hauteur de ses mâts, la
largeur de ses voiles, la puissance de sa machine, s'il est à vapeur, le fatiguent extrêmement, et même le bâtiment désarmé nécessite, chaque année, de coûteuses réparations.
La négligence serait donc aussi fatale dans
les conctructions neuves, dans les réparations, que dans les approvisionnements.

et les coques de ces navires, encore sur chantiers ou à la mer, ne représentent que la moitié de la dépense totale, qui est de 3 millions pour un vaisseau de ligne. Il faut tenir dans les magasins, toujours prêts et confectionnés, le matériel d'armement composé de matériaux moins précieux, mais plus promptement destructibles, des voiles, des cordages, toutes les munitions nécessaires pour qu'un navire puisse voguer, combattre et triompher.

Jusqu'à présent il n'a été parlé que de la besogne de l'administrateur et du savant : voici quelle est celle de l'économiste et de l'homme d'État dans l'organisation de la marine.

Pour faire des soldats, il faut des hommes; pour faire des marins, il faut des matelots. Avant de lutter contre leurs semblables, ils doivent être exercés à triompher des éléments. L'Angleterre et les États-Unis possèdent une marine marchande, pépinière abondante et suffisante de leur marine de guerre. La Russie a la ressource du despotisme; elle s'empare des hommes les plus agiles, nés dans l'intérieur des terres, et en violentant tous les goûts, toutes les aptitudes morales, elle

parvient à dresser de médiocres matelots.
Notre influence, notre puissance maritime, réclament des facultés de recrutement plus
grandes que celles offertes par notre navigation commerciale. La perte de Saint-Domin-
gue, le blocus continental sous l'Empire, les
vices même de la législation, ont diminué
notre population maritime. La France est
placée dans cette alternative, ou de faire monter sur ses escadres des hommes peu propres
à ce service, ou de s'efforcer d'accroître sa population maritime, en stimulant la navigation
marchande; ce qui implique une action vers
ce but de toute la législation industrielle,
commerciale et coloniale. Diplomatie, politique, économie publique, tout doit concourir
à cette œuvre difficile, l'augmentation du
nombre des matelots. La grandeur de la France
est à ce prix.

MATÉRIEL.

Si les ports marchands doivent être placés
dans l'intérieur des terres, aussi loin que la
navigation peut y pénétrer, afin d'étendre la

plus possible le rayon de leur approvisionne-
ment, la position la meilleure pour les ports
militaires, points d'attaque et de refuge, est
au contraire vers les caps, là où les terres
avancent le plus dans la mer. Ils exigent des
eaux profondes, à cause du grand tirant d'eau
des navires de guerre, et une ceinture de for-
tifications qui protége les amas de richesses et
les éléments de puissance contenus dans leur
enceinte.

De nos cinq grands ports, trois sont admi-
rablement situés : Toulon, sur la Méditerranée;
Brest, sur l'Océan, et Cherbourg, sur la Man-
che. Les deux rades, qui forment à Toulon un
merveilleux abri créé par la nature, s'étendent
parallèlement le long du rivage, et présentent
par leurs deux orifices successifs, entourés de
rochers élevés, une invincible défense contre
la mer et contre l'ennemi. La rade de Brest est
vaste comme une mer intérieure, on y pénètre
par un long goulet, que resserre une presqu'île facile à défendre; au fond de cette immense enceinte, s'élève le port, surmonté de
hautes falaises et baigné par une petite rivière,
profonde comme un bras de mer. A Cherbourg,
l'art a fait ce que la nature donnait ailleurs

une digue, longue d'une lieue, composée de rochers, jetée dans la mer à 70 pieds de profondeur, que couronne une massive muraille de granit, à la fois haute et large de 30 pieds, ferme la rade, et les vastes bassins du port ont été creusés dans le granit à 60 pieds de profondeur. Lorient et Rochefort, situés près de l'embouchure de deux rivières qui se jettent dans l'Océan, comptent, avec les trois premiers, parmi nos cinq grands ports.

Dans la petite île d'Indret, sur la Loire, au-dessous de Nantes, l'État a construit une vaste usine pour la fabrication des grandes machines à vapeur, et l'a munie d'un outillage colossal. Plusieurs établissements métallurgiques du département de la Nièvre, appelés forges de la Chaussade, confectionnent les ancres et les câbles-chaînes, dont la solidité est si essentielle à la sûreté des navires. A Ruelle, près d'Angoulême, à Nevers et à Saint-Gervais dans l'Isère, se fondent les canons de fonte pour le service de la marine. L'administration de tous ces établissements, et surtout celle des grands ports, entraînent des difficultés considérables, et soulèvent, depuis plusieurs années, de violentes discussions.

Pour l'année 1848, le matériel coûte : approvisionnements généraux de la flotte, près de 37 millions; salaires d'ouvriers et de contre-maîtres , plus de 13 millions; en tout, 50 millions consacrés aux constructions et réparations des navires. Les dépenses de l'administration, des équipages, des états-majors et de l'entretien des ports, font plus que doubler cette somme; mais on voit combien l'économie, le bon emploi du matériel naval, importent aux finances et à la puissance publique, et l'on comprendra toutes les difficultés de cette administration , si l'on considère que la marine emploie soixante mille objets différents par leur nature ou par leur dénomination, et que beaucoup subissent plusieurs transformations successives. La construction des coques ne compte que pour un sixième dans la dépense totale. On travaille donc sur le vieux plus encore que sur le neuf. Le rebut des objets devenus impropres au service est chose aussi délicate que l'acceptation première des matières, dont la qualité doit toujours être exquise. Que de vigilance nécessaire dans les recettes! que de gaspillages possibles dans les rebuts! que de mauvais emplois difficiles à éviter dans les transformations réclamées par la science de l'ingénieur ou par l'expérience du marin ! Et l'art des constructions navales ne saurait un seul jour demeurer stationnaire. Les machines à vapeur hier les plus perfectionnées sont aujourd'hui de vieux modèles et paraissent impuissantes. En marine, chaque changement sur un point de la construction nécessite la modification de l'ensemble. Il faut se lancer incessamment dans la voie des innovations, et tenter des expériences dont chacune coûte souvent plusieurs millions à l'État. Au milieu des difficultés des choses, se rencontre l'antagonisme des personnes. Trois corps différents concourent dans les ports à un but unique. La nature de leurs fonctions, leurs devoirs mêmes, les placent souvent en hostilité les uns vis-à-vis les autres. Les administrateurs ont la garde des matières, les ingénieurs les mettent en œuvre, les marins manœuvrent les bâtiments. L'officier de marine réclame sans cesse les améliorations et les changements ; il lutte contre l'ingénieur, et l'ingénieur s'irrite des obstacles qu'apportent les formalités de l'aministrateur. L'un représente la pratique, l'autre la théorie ; le troisième prétend représenter la règle. On sait que d'ordinaire pratique et théorie ne vivent pas en bon accord, et toutes deux estiment peu la règle.

Malgré les nombreux abus si justement signalés au public, ne croyez pas que l'administration de la marine manque de surveillance et de garanties. Nulle part on ne voit un pareil échafaudage de précautions. Deux, trois autorités différentes, sont appelées à concourir en commun à tous les actes. Une comptabilité minutieuse s'applique à constater sur le papier l'exactitude de tous les faits matériels ; un contrôle général surveille l'ensemble et tous les détails. Les précautions sont multipliées à ce point qu'il faut douze ou quinze signatures avant d'obtenir le changement de l'anneau d'une rame ou du fer d'une gaffe. Pour une moyenne de 12 à 14,000 ouvriers dans nos ports, nous avons près de 2,500 écrivains ou comptables. Rien n'entre ou ne sort de l'arsenal sans l'examen de commissions nombreuses. Mais la force se perd au milieu de tous ces engrenages compliqués ; un si grand concours de surveillance partage la responsabilité, et diminue celle de chacun en particulier. La vérification muette des écritures n'a pas toujours les mérites de l'activité, de la probité et des lumières individuelles.

L'administration de la marine doit évidemment être simplifiée; mais simplifier une aussi vaste machine, faire que toutes les opérations successives se contrôlent nécessairement les unes les autres, sans double emploi, c'est le propre du génie. Accorder ensemble la science qui réclame le progrès et l'examen éclairé des travaux variables pour chaque cas particulier avec la règle immuable. c'est l'œuvre la plus difficile qui puisse être imposée à un grand administrateur, et mieux vaut encore, avec tous ses défauts, la routine, qui marche mal[2] mais qui marche, que des bouleversements inconsidérés inspirés par la présomption ou par l'ignorance.

PERSONNEL.

Sous le règne de Louis XIV, un grand ministre, Colbert, fonda la puissance commerciale et maritime de la France. Nous lui devons l'organisation de nos arsenaux et l'établissement d'un système de recrutement dont les bases subsistent encore. Les hommes qui se livrent à la pêche, au cabotage, à la navigation de long cours, en un mot, tous les marins, sont inscrits sur les registres matricules de l'inscription maritime et font partie de ce qu'on appelle les classes. Les ouvriers des professions qui concourent à la construction des navires sont également classés; exempts de la conscription, en retour, depuis l'âge de dix-huit à quarante-cinq ans, les uns et les autres demeurent à la disposition de l'État, qui les appelle toutes les fois que les besoins de la marine le requièrent.

C'est une condition très-dure pour la population maritime, de rester pendant vingt-sept ans, sans être jamais complétement libérée du service; et comme le nombre des matelots ne dépasse que des deux tiers celui des hommes embarqués sur les bâtiments de guerre, ils sont retenus au service de l'État, près du tiers des années où la nature nous donne le plus de force et d'agilité.

Il était nécessaire d'établir des compensations pour une charge si inégale et si dure. L'intérêt aussi bien que la justice le commandaient; car beaucoup de matelots abandonneraient leur profession, ou d'autres iraient l'exercer sous des pavillons étrangers. Colbert sentit ces dangers et inaugura l'admirable institution de la caisse des invalides de la marine. Chaque matelot, dans sa vieillesse, et plus tôt, en cas d'infirmités, reçoit de l'État une modique pension.

Quels que soient les attraits du métier de la mer pour des gens robustes et courageux, une vie rude et laborieuse, qui chaque jour met l'homme en lutte avec les éléments, et l'expose à des périls incessants, doit être grandement rémunérée. La faible pension destinée au soulagement des vieux jours, une solde plus avantageuse donnée au matelot qu'au soldat, ne sont pas des stimulants suffisants. Tous les gouvernements s'appliquent à accroître la population maritime en favorisant la navigation commerciale. C'est dans ce but que sont accordées annuellement chez nous des primes considérables pour encourager la pêche de la morue et celle de la baleine ; excellentes écoles pour le matelot.

Les pêcheurs du banc de Terre-Neuve restent durant six mois de suite enfoncés dans une brume épaisse, sur une mer houleuse ;

ils y pêchent, dans une seule campagne, une quantité de poissons double ou triple de la capacité du navire qu'ils montent, et d'autres bâtiments de commerce, équipés moins chèrement, viennent par intervalles prendre les produits de la pêche, qu'ils transportent aux colonies, en France ou dans la Méditerranée. Le baleinier est le plus intrépide de la profession la plus hardie ; sa campagne de pêche dure deux ans. Dans les mers lointaines, souvent, pendant plusieurs jours, il quitte son bâtiment, monte sur un frêle esquif que le moindre frémissement du monstre qu'il poursuit ferait chavirer, lui lance d'une main sûre un harpon effilé, et se laisse entraîner et remorquer par sa victime, dont la course rapide ne se termine qu'avec l'agonie.

C'est également le désir de multiplier les matelots qui a fait établir les surtaxes de navigation contre les pavillons étrangers, et créer le système colonial tout entier qui maintient un marché réservé pour les produits de l'industrie nationale, et des transports privilégiés pour notre marine dans nos possessions d'outre-mer. Mais ces encouragements indirects, qui ont pour inconvénients d'exiger des sacrifices

du trésor public, d'accroître le prix des denrées pour le consommateur français, et d'atti-
rer des représailles de la part de l'étranger,
n'ont pas encore atteint complétement le but.

Tandis que le chiffre de nos équipages est, depuis plusieurs années, de 25 à 30,000 h., l'inscription maritime ne donne pour les matelots que
58,000, et pour les mousses et novices que 34,000
hommes. On se demande pourquoi, relativement
à l'étendue de notre commerce, la navigation
française est moins considérable que celle de
plusieurs autres pays ; pourquoi, dans le
transport des marchandises que nous importons
ou que nous exportons, la navigation française n'entre pas pour la moitié. Les opinions
diffèrent beaucoup sur les causes d'un désavantage plus préjudiciable encore aux intérêts de notre puissance qu'à ceux de notre
commerce, puisque la marine marchande forme
les matelots que recrute la marine militaire.

Il est vrai qu'en France, certaines denrées
qui entrent dans la construction des navires
coûtent plus cher qu'ailleurs. Les États-Unis,
la Suède et la Russie, se procurent les bois à
meilleur marché que nous. L'Angleterre produit à bon compte le fer et le charbon de terre,

agent de toutes les industries. La flotte enlevant les meilleurs marins chez nous, la navigation marchande est obligée d'employer souvent des hommes peu robustes, et de faire monter ses navires par un plus grand nombre de matelots. Tous ces obstacles contribuent sans doute à la cherté de la navigation française; ils ne sont ni les seuls ni les plus importants. Voici peut-être les deux causes principales de notre désavantage.

Le commerce français reçoit les matières premières de l'étranger, et lui rend en échange les produits fabriqués de son industrie. Les premières ont une petite valeur sous un gros volume; les seconds ont une grande valeur sous un petit volume. Il en résulte que les navires doivent être construits bien plus en vue de transporter des matières encombrantes, telles que les planches de Norvège, les cotons d'Amérique, les charbons d'Angleterre, que les soieries de Lyon et les articles de Paris, qui trouveront toujours place à bord. Notre commerce s'étend sur le monde entier, mais il est faible avec chaque pays, et nos navires marchands ne sauraient être construits dans le but d'une navigation spéciale. Ils sont à toutes fins;

c'est-à-dire médiocrement appropriés à chaque cas en particulier. De plus, les Français voyagent peu ; ils fondent rarement des maisons de commerce dans les pays lointains. Cela occasionne des difficultés pour se procurer du frêt de retour, des lenteurs et des incertitudes pour les chargements à l'étranger. Que le navire ne fasse que deux voyages au lieu de trois par an, la perte de temps devient une perte d'argent et influe sur les frais généraux de la navigation.

Parmi les désavantages qui viennent d'être signalés, les uns sont inhérents à la nature des choses et par conséquent irrémédiables, les autres peuvent être réparés par une série de mesures et par la législation. Mais voyez l'extrême difficulté! une partie de ces mesures entraînerait de grandes dépenses, c'est-à-dire des charges nouvelles pour le budget et pour l'impôt, et tous les priviléges en faveur de la navigation nationale tendent à augmenter le prix des objets de consommation, et apportent de nouveaux obstacles au développement de notre industrie, puisqu'en définitive, si elle préfère le transport par navires étrangers à celui par navires français, c'est que le premier coûte meilleur marché.

Il n'y a pas lieu de s'étonner qu'un problème aussi compliqué n'ait pu encore être parfaitement résolu. En attendant, faute de matelots, afin de ne pas imposer une trop grande surcharge à la navigation commerciale, nous faisons entrer dans nos équipages, pour un septième environ, des hommes fournis par le recrutement ordinaire ; lorsqu'ils commencent à se faire à un métier si différent de leurs habitudes, arrive l'époque de la libération.

Il est bien à désirer que l'accroissement de notre marine marchande nous permette de ne faire monter sur les bâtiments de guerre que des hommes d'une profession maritime. Alors, grâce à la science de nos ingénieurs, à l'instruction de nos officiers, au courage des Français, nous n'aurons rien à envier aux flottes étrangères.

FORCES.

Nous avons des arsenaux pour construire des vaisseaux, des équipages pour les monter.

Comment organiser nos forces, relativement à notre situation et à celle de nos adversaires ou de nos alliés possibles ? La France doit-elle avoir des vaisseaux ou seulement des frégates ? une marine à voile et une marine à vapeur, ou uniquement l'une des deux ?

L'orgueil national se révolte, à l'idée souvent émise, qu'il faut nous réduire à n'attaquer jamais sur les mers que le commerce de nos ennemis, et à éviter leurs flottes militaires. Certes, en cas de guerre, les corsaires libres, attaquant les bâtiments de commerce, et les frégates bien dirigées, s'emparant des convois marchands, peuvent porter à l'ennemi un préjudice considérable, et la gloire des combats d'escadres composées de gros vaisseaux est souvent stérile. Mais pour que les frégates puissent sortir du port, y conduire leurs prises, et s'y ravitailler, il faut que ces ports ne soient pas bloqués ; ils le seront par l'ennemi avec facilité, si des escadres ne sont pas prêtes à sortir pour ouvrir le passage et déblayer la route.

La guerre de frégates exige, pour être fructueuse, la possibilité de mettre une flotte en ligne. Dans toutes les hypothèses, une réserve de vaisseaux est l'indispensable garantie de notre puissance navale.

La France n'est pas déchue à ce point que la gloire acquise sous les règnes de Louis XIV et même de Louis XVI soit désormais hors de sa portée. Elle abdiquerait, si elle cessait d'être en nombre la seconde puissance maritime, si elle abandonnait la possibilité de rallier autour d'elle toutes les marines secondaires. Réduite aux frégates, notre marine pourrait encore dérober à l'ennemi les richesses portées sur des navires de commerce; elle renoncerait à le combattre. Les bâtiments d'un échantillon inférieur, quels que soient leur nombre et leur valeur, ne sauraient se présenter en ligne contre des vaisseaux à deux et trois ponts, armés de 100 et 120 canons, forteresses de feu qui les inonderaient d'une pluie de fer. Mieux vaudrait alors économiser les 120 millions que coûte annuellement la marine, et évacuer les colonies, ainsi que l'Algérie, infailliblement perdues au premier coup de canon qui se tirerait sur mer.

La marine à vapeur convient à tous égards à la situation de la France. Grâce à ses progrès, Douvres n'est plus aujourd'hui qu'à deux heures de Calais et de Boulogne. En sept heures, le navire parti de Cherbourg voit le port de Portsmouth, et seulement deux jours de traversée nous séparent de l'Algérie, notre principal point à défendre. Les bateaux à vapeur exigent un nombre de matelots moindre que les bâtiments à voiles, comme on sait ; la pénurie des matelots est notre plus grand embarras ; et la multiplication des chemins de fer fournirait, en cas de besoin, des chauffeurs et des mécaniciens exercés.

Cependant, malgré tous les avantages de la vapeur, ces navires ne suppléent pas entièrement les bâtiments à voiles et les vaisseaux de ligne. Un jour peut-être, ils y parviendront si le système de l'hélice se perfectionne assez pour que le moteur de la vapeur se combine avec celui du vent, de façon que l'on se serve alternativement, et avec puissance, de l'un et de l'autre. Alors les navires conserveraient leur ancienne forme ; des roues gigantesques placées au dehors ne risqueraient pas d'être brisées par un seul coup de canon. La machine serait en sûreté au-dessous de la ligne de flottaison et à l'abri du boulet ennemi ; tandis qu'aujourd'hui, dans l'état de la science, le navire à vapeur, qui possède le double avantage d'être plus rapide et de marcher contre le vent et malgré le calme, a l'inconvénient de ne pouvoir porter une lourde artillerie, dont le poids, joint à celui de la machine, retarderait sa marche, d'être plus vulnérable au feu de l'ennemi, et de ne pouvoir transporter ni combustible ni vivres pour une longue traversée.

On ne saurait, en marine, se passer de bâtiments à vapeur; également on ne saurait se passer de vaisseaux et de frégates. Les uns et les autres entrent dans la composition de la flotte comme les différentes armes de l'infanterie, de la cavalerie, de l'artillerie, dans celle de l'armée sur terre.

Voici quel est l'effectif réglementaire de la marine française :

40 vaisseaux,
50 frégates,
136 bâtiments d'un rang inférieur,
100 bâtiments à vapeur.

Cet effectif est sagement proportionné. On ne saurait lui reprocher qu'un nombre peut-

être trop considérable de petits bâtiments impropres à la guerre, que remplacerait avan-
tageusement un accroissement de bateaux à
vapeur. Malheureusement, comme tant d'autres effectifs, celui-ci est plus considérable sur
le papier que dans la réalité. Beaucoup de nos
vaisseaux sont vieux, d'autres refondus; c'est-
à-dire qu'ils ont subi des réparations assez
considérables pour obliger le changement d'une
partie des membrures et des pièces essentielles.
Les navires dans cette situation n'ont que la
moitié de la durée et de la valeur des bâtiments neufs.

Les bateaux à vapeur, d'ancien modèle, sont
nférieurs pour la marche et pour les autres
qualités ; les machines sont vieilles et leur puissance laisse beaucoup à désirer. Enfin, dans
cette partie de notre matériel naval, le chiffre
réglementaire n'est pas atteint.

On ne saurait s'étonner des imperfections du
matériel des navires à vapeur ; des fautes nombreuses ont été commises. Les erreurs sont
inévitables dans un art nouveau, chaque jour
en progrès. Vous résignerez-vous à n'exécuter
que d'anciens modèles consacrés par l'expérience, vous serez devancés par vos rivaux ;

tenterez-vous des innovations, vous rencontrerez beaucoup de mécomptes, et vous ferez des sacrifices souvent en pure perte. Le choix à faire dans les innovations, dans les essais à tenter ou à repousser, n'est pas une des moindres difficultés du département de la marine.

On l'a vu, dans cette administration difficile et compliquée, chargée d'effectuer des dépenses considérables et de veiller à l'entretien d'un des éléments essentiels de la puissance de la France, tout est lutte et antagonisme. Il n'est pas un intérêt à satisfaire qui n'en heurte un autre, pas un progrès qui n'ait ses dangers, et, chose étrange, le développement de la marine pendant la paix détruit, à certains égards, la marine pour la guerre.

Ainsi que nous l'avons fait observer, la construction des coques n'entre que pour un sixième dans la dépense totale du matériel naval; la coque coûte la moitié du navire armé. Les deux tiers du matériel sont donc absorbés par les armements, et à moins d'allouer des fonds beaucoup plus considérables à la marine, l'accroissement des armements détruit ses réserves et ses approvisionnements. L'opinion publique s'occupe beaucoup plus du développement de la puissance navale que des difficultés de l'administration de la marine; notre patriotisme veut augmenter le nombre des bâtiments armés capables de faire respecter à l'instant même notre pavillon.

L'état de nos finances s'oppose à un accroissement proportionnel de dépenses, et notre matériel dépérit. Prenons garde que la marine de la paix ne tue chez nous la marine de la guerre.

Néanmoins, indépendamment de la protection due au commerce, de la nécessité de faire paraître le pavillon français sur tous les points où notre intérêt et notre honneur le demandent, l'instruction des équipages commande d'avoir toujours à la mer une flotte considérable. Depuis trente ans, notre effectif a passé de 12,000 hommes à 30,000 hommes embarqués. Depuis les guerres de l'Empire, qui avaient abattu notre marine, celle-ci s'est relevée en France; nous lui devons, durant cette période de paix, les gloires de la victoire de Navarin, de la prise d'Alger, de Mogador, et de Saint-Jean d'Ulloa.

Il est utile et il est beau que le pavillon de la France flotte avec éclat sur les mers. Démandez au voyageur quelle émotion de bonheur et d'orgueil il éprouve lorsque, isolé sur la terre étrangère, il voit apparaître le pavillon de son pays surmontant un noble navire de guerre. Ce signe de force est un gage de protection. La patrie semble alors veiller sur chacun de ses enfants; elle se rapproche d'eux pour les défendre; elle est présente sur tous les points du globe, avec sa force, avec sa gloire; ses bras s'étendent pour protéger et pour punir.

Bibliothèque L. Curmer,

rue de Richelieu, 49.